I0172038

"Αφιερωμένο στον άνθρωπο που μου έδωσε χώρο χρόνο και αγάπη

έτσι ώστε να μπορέσω να ασχοληθώ με κάτι που είχα τόσο μεγάλη ανάγκη.

Για τον Παύλο."

Στο βιβλίο χρησιμοποιήθηκαν οι εικόνες από τους εξής πίνακες:
Πίνακας εξωφύλλου: Carol Bak - Destiny Lady

σελίδα 14 Steven Daluz - Still
σελίδα 26 Fabian Perez - Saba At Las Brujas
σελίδα 60 Gustavo Poblete - La Abuela
σελίδα 76 Alfredo Roadriguez - Her New Necklace

Κατασκευή Εξωφύλλου: Εκδόσεις Μέθεξις
Επιμ. Έκδοσης: Εκδόσεις Μέθεξις

Κεραμοπούλου 5, Θεσσαλονίκη ΤΚ 546 22
Τηλ. - Fax: 2310-278301
e-mail: info@metheksis.gr
www.metheksis.gr

ISBN: 978-960-6796-33-3

Αριθμ. Έκδ. 42

Νεκταρία Ερμιόνη Κουρκούδιαλου

Η Κόκκινη Λίμνη

μέθεξις εκδόσεις

Θεσσαλονίκη 2012

Γεννήθηκα στις 19/10/68 στη Θεσσαλονίκη όπου και κατοικώ μέχρι σήμερα.

Ξεκίνησα να γράφω θέλοντας ν΄ αποτυπώσω στο χαρτί τα κομμάτια της ζωής μου που αδυνατούσα να δω καθαρά με άλλο τρόπο. Ήταν πολλά αυτά που συνέβαιναν στην καθημερινότητά μου, στη σχέση μου με τους ανθρώπους, που περνούσαν χωρίς να μπορώ να διακρίνω τις ουσιαστικές λεπτομέρειες που είχαν την δυνατότητα να επηρεάσουν τόσο σημαντικά την ποιότητα της ζωής μου. Η θέαση του έργου στο οποίο συμμετείχα, μέσα από ομιχλώδη και πολλές φορές παραμορφωτικά φίλτρα ήταν μια απίστευτη σπατάλη. Γύρισα πίσω κάποια στιγμή και είδα τον παρελθόντα χρόνο μου πληγωμένο βαριά και σε κάποιες περιπτώσεις κομμάτια του να έχουν σβηστεί τελείως. Τρομακτικό.

Ευτυχώς κάποτε βρήκα το θάρρος να μαζέψω τις εν υπνώσει δυνάμεις μου και να προσπαθήσω να αλλάξω. Πλέον δεν πολυγυρίζω πίσω το κεφάλι μου. Θυμάμαι όμως . Συνειδητοποίησα πόσο τραγικά παραμέλησα τον εαυτό μου με αποτέλεσμα η ζωή μου να αναγκάζεται να περνά συνεχώς ανάμεσα από στενωπούς, κάτι που με κούρασε σε βάθος χρόνου και με εξασθένησε. Ευτυχώς υπήρχε η διάθεση για ένα βήμα μπροστά κάθε φορά, έστω και μικρό. Την βοήθεια που είχα τόσο ανάγκη σ΄αυτή μου την προσπάθεια, την πήρα από τους ανθρώπους που με αγαπάν, αναγνωρίζοντάς τους πλέον με μάτια ορθάνοιχτα.

Σίγουρα η ζωή μας είναι γεμάτη λάθη, ατυχείς συγκυρίες, μικρά ή μεγάλα εγκλήματα που έχουν διαπράξει εις βάρος μας στοχευμένα ή όχι κάποιοι από την πρώτη στιγμή που ανοίξαμε τα μάτια μας. Όμως αξίζει τον κόπο να φέρουμε απέναντι σε όλα αυτά, τα μικρά και μεγάλα υπέροχα, όμορφα, μοναδικά που έχουμε την τύχη να βιώνουμε μέχρι τώρα. Να τα δώσουμε την αξία που τα αναλογούν και να προχωρήσουμε.

Ο άνθρωπος ας συμφωνήσουμε πως έρχεται με μια αποστολή: να ζήσει, να χαρεί, να γευτεί, ν΄αγωνιστεί, για να δημιουργήσει, για να μάθει, για να γνωρίσει, να προσφέρει, να βελτιώσει. Ας νιώσουμε λοιπόν την αγάπη για τον εαυτό μας, ευγνωμοσύνη για το δώρο της ζωής, περηφάνια για την μοναδικότητά μας. Ας νιώσουμε την επιθυμία να διεκδικήσουμε τη χαρά. Το δικαίωμα στη ζωή πρέπει να ορίζει τον τρόπο που διαχειριζόμαστε τον πολύτιμο χρόνο που κουβαλάει ο καθένας μας στο δισάκι του. Είναι μια σειρά από δικαιώματα που έχουμε με το που ερχόμαστε εδώ, που πρέπει όλοι να τα γνωρίζουμε και να τα διαφυλάττουμε. Ένα τέτοιο πολύτιμο δικαίωμα είναι αυτό στο όνειρο, που πρέπει να είναι γραμμένο με έντονα γράμματα στην επιφάνεια του μυαλού μας έτσι ώστε να νικάμε τις καταστροφικές αναστολές, την κακοπροαίρετη αξιολόγηση του εαυτού μας, τις μόνιμες ενοχές για τα λάθη μας. Τα λάθη άλλωστε πηγαίνουν μαζί με την δράση και την προσπάθεια και είναι συνήθως οι καλύτεροι δάσκαλοι για το αύριο. Εύχομαι σε όλους ο δρόμος μας να είναι αρκετός έτσι ώστε να πραγματοποιήσουμε ένα νέο ξεκίνημα που θα κάνει τις μέρες μας πιο φωτεινές και τις νύχτες μας πιο γαλήνιες. Θα τα ξαναπούμε σύντομα.

Νεκταρία Ερμιόνη Κουρκούδιαλου.

Περιεχόμενα

Κοίτα το Φως

Μου λες πως τρέχει η ζωή
και έχεις λαχανιάσει
μες στον λαβύρινθό της
στην έξοδο να φθάσεις
κι εγώ ψιθύρους
στέλνω στην καρδιά σου
νιώσε την δύναμή σου
και δεν θα χάσεις
δεν είναι ο προορισμός
μα η διαδρομή
που έχεις ν απολαύσεις.

Δεν έχει αρχή μα ούτε τέλος
το έργο που διάλεξες να παίξεις

Ο χρόνος στη ζωή
ποτέ δεν είναι εχθρός σου.
Ο χρόνος στη ζωή
είναι ο πολύτιμος ο σύμμαχός σου.

Στους φίλους σου ζητάς παρηγοριά
όταν τα πόδια σου λυγίζουν
τώρα που δεν είσαι καλά
ακόμη και οι ανάσες σε φοβίζουν.

Στο λέω είσαι δυνατή
και θα νικήσεις

τις πιο πολλές τις μάχες
θα τις κερδίσεις.
Δείξε το πόσο μ αγαπάς
χωρίς καθόλου σκέψη
κοίτα το φως κατάματα
για όσο το αντέχεις,
είναι άλλος ένας μαχητής
στον ισχυρό στρατό σου.
Το φως μπορεί να ηττηθεί
μονάχα απ' το μυαλό σου.

4-4-2011

Το μυστικό σου

Βήμα βαρύ ανάσα κοφτή
πόσο ακόμη
το μυστικό σου
θα σου στοιχειώνει τη ζωή.

Μυαλό θολό, εικόνα σβησμένη
χέρι που τρέμει το παρελθόν.

Είκοσι χρόνια σκληρής ενοχής
χαμένη επαφή απ' τον εαυτό σου

Διάβασες κάποτε σ' ένα χαρτί
"ψάχνω να βρω την ουράνια σιωπή"
κι έμεινες άγαλμα πέτρα ψυχρή
και είπες πως ψάχνεις κι εσύ μαζί.

Σου κλείνει το μάτι
ένας ήλιος ζεστός
σου λέει να πετάξεις ο ουρανός
σου ζητάει να ξαπλώσεις
της γης το στρώμα
ξυπόλυτη τρέξε
στο υγρό χώμα.

Ας γίνουν τα χέρια φτερά αετού
ας πάρει η ψυχή το βάρος φτερού
το μυστικό σου είναι δικό σου
πάρ' το μαζί σου για το φευγιό σου.
Καινούρια μέρα θα ξημερώσει
και θα 'ρθει η νύχτα να την τελειώσει
αέναοι κύκλοι στου χρόνου τη σφαίρα
κοίτα ψηλά προχώρα πιο πέρα.

5/5/11

Στα χίλια σπίτια

Στα χίλια σπίτια πριν από χρόνια
της Σεβίλλης είχα βρεθεί
ο δάσκαλός μου, μου είχε πει
την απαγορευμένη τη μουσική
που έχουνε γράψει μικροί Θεοί
μόνο εκεί θα την ακούσεις.

Σε μια παράγκα λοιπόν σκοτεινή
είδα και άκουσα τον Ορφέα
την μια να χαϊδεύει εκστατικά
την άλλη με μίσος να χτυπά
γυμνό κορμί, μία κιθάρα.
Είχε ανθρώπινη μορφή
μα και τον διάβολο να του οδηγεί
σε άγνωστες κλίμακες το χέρι
στο ξύλινο τάστο και τις χορδές
υμνούσε τον έρωτα και τις στιγμές
που έχουμε για δώρο εμείς οι θνητοί.

Η κιθάρα που είχε αγκαλιά
έμοιαζε να 'χε πάρει φωτιά
το κίτρινο βλέμμα του καρφωμένο
σε ένα κάδρο ξεθωριασμένο
υπήρχε πάνω του ένα ποίημα
για έναν άγγελο εξορισμένο
που είχε γνωρίσει μες την παράγκα.
Ποτέ του δεν έβλεπε τους χορευτές

που ζωγραφίζανε με τις σκιές
τον πόνο την τρέλα τις ενοχές
στο σάπιο σανίδι.
Εκείνη άλλωστε η στιγμή
ήταν κατάθεση ψυχής.
Ο Ορφέας ανέπνεε απ τη μουσική
το κίτρινο βλέμμα του
μπορούσε να δει
μονάχα ένα ποίημα ξεθωριασμένο
για έναν άγγελο εξορισμένο.

14/5/11

19

Ήταν κι οι δυο τους 19
διωγμένοι έφυγαν από το σπίτι
ποτέ τους δεν το 'χανε φανταστεί
πως οι χειρότεροί τους εχθροί
θα είναι οι ίδιοι τους οι γονείς.

Το κορίτσι ήταν γεμάτο πληγές
και το αγόρι πνιγμένο από φοβίες φρικτές

Ένα βράδυ του Καλοκαιριού
πήραν τον δρόμο που οδηγεί
σε θάλασσα άφωτη και μυστική.

Πιασμένοι πάντοτε από το χέρι
τα μάτια κλείσανε εκστατικά
τα μολυβένια τους τα κορμιά
ρούφηξαν αχόρταγα την μυρωδιά
μα και τους ήσυχους ήχους του πελάγους
σαν μια γλυκιά παρηγοριά

Πιασμένοι πάντοτε από το χέρι
άφησαν τα άρρωστά τους κορμιά
στην παραλία πάνω στα βράχια.

Από το σώμα απαλλαγμένοι
μα και το θόλωμα του μυαλού
χαμόγελα αντάλλαξαν και με μιας
βούτηξαν στα μαύρα τα νερά.
Ο βυθός άρχισε σιγά σιγά
να παίρνει φως αλλά και χρώμα
παράξενα όντα μα και φυτά
ζωντάνεψαν απότομα μπροστά
στα έκπληκτα μάτια.

"Θα πάμε ακόμη πιο βαθιά"
του είπε με νόημα το κορίτσι
"θέλω τη μέθη του βυθού
για τελευταία μας εμπειρία,
κράτα το χέρι μου σφιχτά
στων Σειρήνων να φτάσουμε χαμηλά
τα γαλάζια παλάτια."
"Μας περιμένει η αιώνια χαρά"
το αγόρι αποκρίθηκε ζωηρά
γιατί από τώρα και μετά
να μας πληγώσει κανείς δεν μπορεί.

"Θέλω τη μέθη του βυθού"
ψιθύρισε άλλη μια φορά
"για τελευταία μας εμπειρία"

“Μας περιμένει η αιώνια χαρά”
της αποκρίθηκε ξανά
το ερωτευμένο αγόρι
ακόμη και η θάλασσα
που λίγο πιο πριν
ήταν ψυχρή και σκοτεινή
πλημμύρισε χρώμα και μουσικές.
“Κάνε για λίγο υπομονή
περίμενε μόνο και θα δεις
μπροστά σου ολόφωτα
τα γαλάζια παλάτια.”

18/5/11

Ο Φοίνικας

Ο Φοίνικας αναγεννιέται
από τις στάχτες του
θυμάμαι πάντα να μου λες
τώρα που γίνομαι στάχτη κι εγώ
πες μου στ' αλήθεια αν μπορώ
σε κάτι να ελπίζω.

Το άγγιγμα του Μίδα
καταραμένη κληρονομιά
αναζητούσαμε φανατικά
κι ας ξέραμε πως θλιβερό
θα' ναι το τέλος.

Αναζητώντας το χρυσό
τα όνειρα γίνανε σκουριά
και τα μεταξωτά πανιά
φτωχά κουρέλια
και τώρα φίλε μου όλοι μαζί
χαμένοι από την ανατροπή
κουρνιάζουμε σε μια γωνιά
ανήμποροι.

Θα φύγω από δω μου λες
με διώχνουνε τα χώματα
πως τόσα λάθη τραγικά
μαζεύτηκαν στη ζυγαριά
και από την άλλη την πλευρά
να βάλω τίποτα δεν έμεινε.

Ο Φοίνικας αναγεννιέται
από τις στάχτες του
θα σου φωνάξω τώρα εγώ
βαδίζουνε μαζί ελπίδα κι οξυγόνο
νιώθω το αίμα μου ξανά
προς την καρδιά να τρέχει.

Θα κάνω ότι μπορώ
τα χώματα που τόσο αγαπώ
να μ' αγαπήσουν πάλι.

26-5-11

Η σιωπή είναι συνενοχή

Είναι πολλά που δεν μ' αρέσουν
και είναι παντού
βγαίνω απ' το σπίτι και συναντώ
ανθρώπους να βρίζουν να χειρονομούν
και άλλους σιωπηλά να προσπερνούν
την δική τους ζωή.

Έξω από ένα κτίριο
είδα σε μαύρο πανό
την λέξη κατάληψη
και πιο κάτω έλεγε πως
η σιωπή είναι συνενοχή
κι εγώ συμπληρώνω
και η βουή η εκκωφαντική
είναι που σβήνει τη φωνή
και όποιο μήνυμα έχει να πει.

Θέλει επαγρύπνηση μα και κριτική
που θα κάνω σ' εμένα αρχικά
και μετά σ' ότι βλέπω.
Είμαστε υπεύθυνοι
όλοι εμείς που εκλέγαμε
αυτούς που δεν έχουν τιμή.

Νιώθω πως ο χρόνος τους
τέλειωσε πια
και πως το τέρας που τάιζα
πίσω απ’ τα κάγκελα θα πρέπει να μπει
και να σαπίσει.

Ψάχνω ηγέτη
που να μπορεί
την σελίδα να σκίσει
θέλω τον τόπο μου
και πάλι να δω
έναν ήλιο χρυσό
να τον ζεσταίνει.

31/5/11

Στη δίνη του μοιραίου

Δυο φίλοι έφυγαν στα ξαφνικά
δύο κομμάτια κάηκαν
από το παζλ της ζωής μου.

Κρυώνω όλη μέρα από τότε
και δένω με τα χέρια μου σφιχτά
το ξέπνοο κορμί μου.
Τις νύχτες όνειρα εφιαλτικά
με παρασέρνουνε στη δίνη του μοιραίου
ξεπρόβαλε κι ο φόβος ξαφνικά
ο μέγας άγνωστος
ως ρυθμιστής της σιωπηλής ζωής μου.

Δυο φίλοι έφυγαν μία βραδιά
δυο αστεριών η σκόνη
σκόρπισε μπροστά μου

Καίω τα ηχεία
βάζω στο τέρμα μουσικές
που να μπορούν
ν' αναστατώσουνε τα κύτταρά μου
μα μόλις σωπάσουνε κι αυτές
βλέπω το θρίλερ της ζωής μου
τον αποχωρισμό το αίμα και τη φρίκη
σε αντίστροφη διαδρομή
μαύρα πανιά να πέφτουνε
για να μ' εξαφανίσουν.
Δεν θέλω κανένα σας να ξαναδώ
το μονοπάτι μονάχη μου θ' ανοίξω
κι όταν το φτάσω μακριά
τους φίλους πάλι
θα συναντήσω.

29/6/2011

Η λογική μου

Υπάρχουν κάτι στιγμές
που αξίζει να γίνουν τραγούδια
για να ξορκίσουν το παρελθόν
να διώξουν τον φόβο που με στοιχειώνει

Μπήκα σε μπαρ
ένα Ανοιξιάτικο βράδυ
ρουφώντας καπνό και αλκοόλ,
έβλεπα λάμψεις μικρές
να δεσπόζουν στο άδειο σκοτάδι
ώσπου να 'ρθει η στιγμή
να ερωτευτώ τον μπασίστα
εκείνον που έχτιζε
μια ολόκληρη σκηνή
από σκληρές νότες
και φάλτσα στολίδια,
και όταν ήρθε η στιγμή
που βλέμματα αλλάξαμε
άκουσα μέσα μου μία φωνή
την φωνή του έρωτα και της αλήθειας
να ορίζει να σπάσουνε τα δεσμά
που με κρατούν απ' της αγάπης μακριά
μα και του πάθους τα κρυφά καταφύγια.

Το βάρος στους ώμους μου είναι μεγάλο
δεν ξέρω αν μπορώ μαζί μ' αυτό
και της ευτυχίας το βαρύ φορτίο
να κουβαλήσω.

Η λογική μου με προστάζει να πω
πως τ αγόρι που με τρέλα κοιτώ
ανήκει σε κόσμους που εγώ δεν μπορώ
ούτε να μπω μα ούτε και ν' αγγίξω.
Πες πως ήταν όνειρο που χάθηκε μακριά
με το που άνοιξες τα μάτια
φωνάζει τώρα ποιο δυνατά
η λογική μου και με πονά.
ΣΗΚΩ ΚΑΙ ΦΥΓΕ
απ' το μπαρ αυτό
που το βάζουν φωτιά
δυο κόκκινα μάτια.

9/11/11

Το δικό μου φως

Σ' ένα υπόγειο
τα μάτια πρωτοάνοιξα
που μύριζε μούχλα
και θάνατο.

Το δικό σας σκοτάδι
το δικό μου φως........

Πως ν' απορεί κανείς λοιπόν
που με τίποτα δεν μπορώ
σ' αυτόν τον κόσμο να σταθώ.
Τα γυάλινα πόδια μου
προχωρούν αργά
για να μην πέσω
να κοιτώ χαμηλά
θα πρέπει για πάντα.

Η μουσική και τα βιβλία
η καλύτερή μου παρέα
ταξιδεύω μαζί τους μακριά
κι απ' τον ορίζοντα πιο πέρα
κι όταν η άνοιξη θα 'ρθει κι εγώ,
με σκυμμένο κεφάλι θα περπατώ
τα χιλιάδες χρώματα που θα κοιτώ,
θα ναι σαν να μπορώ να δω
το ουράνιο τόξο, τον ήλιο, τ' αστέρια.

Το δικό σας τίποτα
το δικό μου θαύμα.....

13-11-11

Για τη Μυρτώ

Ο κακοποιημένος κακοποιεί
τον εαυτό του και τους άλλους
γιατί έτσι έμαθε από μικρός
άρα αυτό θα' ναι το σωστό
άλλωστε δεν το επιλέγει
η μοίρα έτσι του τα φέρνει.

Με την καρφίτσα της τρυπούσαν
την καρδιά
κι όταν ρωτούσε το γιατί
της φώναζαν ΞΕΡΕΙΣ ΕΣΥ
"κάτι κακό θα έκανα πάλι
που όμως δεν έχω καταλάβει.
Θεέ μου γιατί είμαι τόσο λάθος;"

Στην πρώτη τάξη του σχολείου
το όνειρό της ήταν αυτό
χωρίς πνοή σε στρώμα λευκό,
με άνθη στολισμένη
πλήθος ανθρώπων έκλαιγε
για την Μυρτώ.

Όταν μεγάλωσε αρκετά
έπαιζε με τους άντρες
το σ' αγαπώ τους έκλεβε
και έφευγε μακριά,
ώσπου τον Γιάννη γνώρισε
στο σπίτι του την πήγε

σε μια βδομάδα νυφικό
με πέρλες στολισμένο
στο εργένικο κρεβάτι του
άπλωσε και της είπε
“από ετούτη τη στιγμή
να ξέρεις μου ανήκεις
το σώμα σου και το μυαλό
εγώ θα διαφεντεύω
το χρήμα και τα πλούτη μου
στα πόδια σου προσφέρω”

Πέρασαν χρόνια άπειρα
αληθινός εφιάλτης
η μόνη όμορφη στιγμή
ο τοσοδούλης γιος της
“τώρα θα πρέπει υπομονή
για εσένα να κάνω
μικρέ μου ώσπου να σταθείς
στα πόδια τα δικά σου,
κι όταν με το καλό
αντράκι θα μου γίνεις
θα φύγω από του Κέρβερου
την κρύα φυλακή”

Μα οι ανάγκες του παιδιού
δεν είχαν τελειωμό...

14/11/2011

Παχουλό μου γουρούνι

-Όλο και χοντραίνεις παχουλό μου γουρούνι
πως τα κατάφερες σε λίγα χρόνια
λίπη ασήκωτα να μου κολλήσεις
σ' εκείνο το άλλοτε φιδίσιο κορμί;

-Φταιν οι ορμόνες μου και οι ευθύνες
η κούρασή μου και η φυλακή
που έχει γίνει αυτό το σπίτι
που έχω λατρέψει για μια ζωή.

-Τι έχει γίνει σε δέκα χρόνια
και μου 'χεις γίνει αγνώριστη;

-Έχω τον άντρα μου και τα παιδιά μου
έχω το σπίτι και την δουλειά
είναι τα ιδιαίτερα του κανακάρη
και της μικρής μου τα όνειρα.

-Κι έφτασες έτσι στα σαράντα
με άσπρες ρίζες στα μαλλιά
με φρύδι άβγαλτο απ' τα τριάντα
και ρούχα άχρωμα και άκομψα.
Δεν αγαπάς πια τον εαυτό σου;
Δικά σου όνειρα δεν κυνηγάς;

-Σήκω και φύγε μ' έχεις κουράσει
πάρε τον δρόμο σου και μην ξαναρθείς.
Θέλω να πέσω στο κρεβάτι
να σβήσω το φως κι εσύ να χαθείς
έτσι απότομα όπως μπήκες
στην άθλιά μου τη ζωή...

15/11/2011

Ο ανυπότακτος Πάνας

Μου ψιθυρίζεις "η ζωή είναι ωραία"
και απ' τα παιχνίδια της πόσο έχεις μαγευτεί,
στων δυνατών ανέμων τις ριπές
ξυπόλυτη σε πυρωμένα βότσαλα χορεύεις
και ουρλιάζεις με μανία προσκυνώντας
το μεγαλείο της ουράνιας σκεπής.

Τον ανυπότακτο τον Πάνα προσπαθείς
για μια στιγμή απ' το κορμί σου ν' αποβάλλεις
του δίνεις απλόχερα τροφή
μπας και σ' αφήσει μια στιγμή να ηρεμήσεις
μα εκείνος ζει από τη νιότη της ψυχής σου
και ξεχρεώνει δίνοντάς σου ηδονή.
Σου δίνει μεθυσμένος τη χαρά
και ότι ανθρώπου νους δεν έχει καν ονειρευτεί
τον έρωτα που κυριεύει την ψυχή σου
μα και που λιώνει από πόθο το κορμί
άγρυπνες νύχτες και υγρές χωρίς καμιά αναπνοή.

Χιλιάδες χρώματα πετάγονται
στον κάτασπρο καμβά της ύπαρξής σου
θαρρείς πως θέλουν ν' αντιγράψουν
του Pollock πίνακα λιγάκι πριν
την πρόωρη φυγή.

Λατρεύω τη ζωή μου
μου φωνάζεις
λατρεύω το θαύμα της ζωής.
Μια δύσκολη διαδρομή πρέπει να κάνεις
στα μυστικά της τρέλας μου αν θες να μυηθείς.
Εγώ είμαι εδώ πάντα κοντά σου
με τον χορό μου θα διαλύσω
πυκνές ομίχλες και συννεφιά
τον Πάνα μέσα σου μπορώ να ξυπνήσω
μ' ένα φιλί μου στα βλέφαρα
και τότε εκείνος μ' ένα του νεύμα
φτερά από φλόγες θα σου φορέσει
για να πετάξεις μακριά
και όποιο εμπόδιο να εξαϋλώσει
η δυνατή του η φωτιά.

Ποτέ μην ανακόψεις
του Πάνα τον ρυθμό
για να μην αντικρίσεις
εφιάλτη τιμωρό.

11/1/2012

Ο πρώτος έρωτας

Ο πρώτος έρωτας ο ποιο δυνατός
με συντροφεύει απ' τα δεκαπέντε
είναι ανεκπλήρωτος μα μέσα μου υπαρκτός
τον κουβαλάω σαν φυλαχτό.

Για χρόνια ατελείωτα
οι αναμνήσεις σκιές
οι ζωές μας χαράχτηκαν
σε ευθείες παράλληλες.

Ωριμάσαμε οι δυο μας
σε συνθήκες σκληρές
στα δικά μου αδιέξοδα
η μορφή σου ερχόταν
σαν προστάτη αγγέλου
και τα μάτια σου έλεγαν
μη φοβάσαι προχώρα.

Στα τριάντα βρεθήκαμε
σε μια μάζωξη φίλων
και καθόσουν απέναντι.
Σαν τα βλέμματα αντάμωσαν
σβήσαν όλα τριγύρω,
με τα χείλη κλειστά
τις αλήθειες μας είπαμε
κι ενώ οι ώρες περνούσαν
και οι φίλοι σκορπίζαν

οι ζωές μας καλούσαν
να γυρίσουμε πίσω
κι απ' τον κόσμο των άστρων
στων θνητών την συνήθεια,
μεθυσμένοι από έρωτα
ψιθυρίσαμε "η ελπίδα
σαν το φως της ημέρας
δεν θα σβήσει ποτέ.".
Εκείνη την άχρονη στιγμή
κρατάω σφιχτά σαν θησαυρό
μέσα σ' ένα χρυσό πουγκί
όπου μαζεύω τις στιγμές
αυτές μονάχα τις στιγμές...

12/1/2012

Νίκη

Άλλη μια μέρα παίρνει το φως της
και βγαίνει απ' την πόρτα
άλλη μια νύχτα γλιστράει το φεγγάρι
απ' την χαραμάδα ενός σπασμένου μυαλού,
ένα φεγγάρι πελώριος καθρέφτης
μέσα του βλέπεις όσα δεν πρέπει
να ξεχαστούν.

Είκοσι χρόνια σκληρής απομόνωσης
σ' ένα ρημάδι εγώ και το χτες
εγώ κι όλοι εκείνοι
που μου σβήναν το φως
και σκορπούσαν οχιές
στο ήδη δύσβατο
μακρύ μονοπάτι.

Καθηλωμένη σε ένα κρεβάτι
που το λαξεύσανε πάνω σε πάγο
να αιωρείται στο άπειρο
ο κόσμος μου όλος
σκοτάδι και κρύο
ο κόσμος μου όλος
φόβος δυνάστης αήττητος.

Άκου την καρδιά μου
που γρήγορα χτυπά,
άγγιξε το σώμα μου
που παραλύει,
σκούπισε απ' το μέτωπο
τον καυτό μου ιδρώτα,
κοίταξε την σκέψη μου
κοίτα την πως σβήνει.

Ήρθα σ' αυτή την καλύβα ερείπιο
στων άγριων βουνών την ερημιά
να πολεμήσω τον πανικό
να τον νικήσω ή να ηττηθώ.

Ώσπου στο τέλος έγινε αυτό:
ανακάλυψα πως τα τέρατα
που με τυραννούσαν
ήταν της σκέψης μου αποκυήματα
αυτά που αλυσίδες βαριές μου φορούσαν
και μαύρο μαντίλι στα μάτια σφιχτά.

Φοβίες και τέρατα εγώ είχα πλάσει
απ' τον πηλό που μ' είχαν δωρίσει
οι λατρεμένοι μου γονείς.

Το φως της αλήθειας άρχισε να λάμπει
και να μου θεραπεύει μυαλό και ψυχή.

Το κρεβάτι της τρέλας
προσγειώθηκε ήρεμα
χωρίς αναταράξεις
πάνω στη γη,
το αίμα στις φλέβες
άρχισε να ρέει
και το μυαλό
να δημιουργεί.

Έτσι παράτησα το άθλιο ρημάδι
το άχρωμο άσυλο μίας νεκρής.

Ανάλαφρη ανάσανα βαθιά
βγαίνοντας στο φως είδα τα βουνά
κι έναν αετό να κάνει κύκλους
λίγο πιο κάτω απ' τα σύννεφα.

16-1-2012

Η κόκκινη λίμνη

Κάνει κρύο σήμερα πάλι
ακόμη κι ήλιος είναι ψυχρός
μ' όσες κουβέρτες κι αν τυλιχτώ
την ζεστασιά δεν θα την βρω.

Κλείνω τα μάτια και βλέπω έναν ήλιο
που είναι πρωτόγνωρα ζεστός.

Υπάρχει μια λίμνη κάπου μακριά
που είν' τα νερά της βαθύ κόκκινο
μες τον βυθό της αν βρεθώ
θα μείνω για πάντα παιδί μικρό.

Της γης η μήτρα θα με προστατεύει
από ήχους εικόνες και θύμισες
θα είμαι καλά με τον εαυτό μου
η κόκκινη λίμνη θα είναι που λες
αυτό που δεν γνώρισα μέχρι και τώρα
θα είναι το ζεστό το σπιτικό μου.

Μήπως του ανθρώπου
στο μεγάλο φευγιό του
μια κόκκινη λίμνη
τον περιμένει
να του γιατρέψει
την ψυχή
απ' τις πληγές
αυτού του κόσμου;

20-1-2012

Αγνώριστος

Βρεθήκαμε μετά από χρόνια
σ' υπόγειο μπαρ
τα λόγια σου ήταν χείμαρρος
θαρρείς και μέσα του
να πνίξεις ήθελες
ποιος ξέρει τι.

Αμίλητη καθόμουν κι έβλεπα
την αλλαγή του χρόνου,
στην όψη στάσιμος
μα μαραθώνιος στο μυαλό σου.
Δεν πρόλαβες να με ρωτήσεις τίποτα,
με μέτωπό ιδρωμένο
και βλέμμα ενοχικό,
τις μπερδεμένες σκέψεις σου
τα χέρια μάταια
παλεύαν να στηρίξουν.
"Κοίταξε που κατάντησα εγώ
σ' αυτή την ηλικία"
ξεκίνησες με πίκρα να μου λες
"τον εαυτό μου δεν αναγνωρίζω,
ή κάποιας φάρσας το πιόνι έχω γίνει
ή σκοτεινού εφιάλτη το θύμα.
Πως είναι δυνατόν να ζω εγώ έτσι;
Τα χρόνια που πέρασαν
κοιτάζω πίσω μου
λευκές σελίδες
ούτ' ένα γράμμα."

Πόσο σε πόνεσε η ζωή
καλέ μου φίλε;
Για ποια κατάντια μου μιλάς
που εγώ δεν διακρίνω;
Ποιος σ' έκανε να ντρέπεσαι
γι' αυτό που είσαι;
Πόσο σκληρά να φέρθηκαν
οι άνθρωποι κι ο χρόνος
στην ψυχή σου;

25/01/2012

Γλυκές στιγμές

Στης ηδονής το αρχιπέλαγος
βουτιές θα κάνω
ανάσες βαθιές θα παίρνω
και πάλι πίσω θα επιστρέφω
την συμβουλή του Καβάφη
θ' ακολουθήσω
έτσι αν θα 'ναι το γραφτό μου
το γήρας ν' αντικρίσω
θα 'μαι γεμάτη γλυκιές στιγμές
που όσα κι αν θα' ναι
τα χρόνια μπροστά μου
αυτές θα γεμίζουνε χίλιες ζωές.

Στη νιότη μου παράταση θα δώσει
της γνώσης το κυνήγι και της χαράς
ο φόβος και το μίσος γύρω μου
ποτέ δεν θα μ' αγγίξουνε πραγματικά.

Τους άρχοντες του Ολύμπου θα προσκυνώ
σ' αυτούς μονάχα θα προστρέχω
την έκλυτη ζωή τους θα κυνηγώ
της Αφροδίτης και της Αθηνάς
παιδί αγαπημένο
σαν τον Απόλλωνα θα παίζω μουσική
και σαν τον Διόνυσο θα πίνω.

Έτσι θ' αργήσουνε πολύ
ο Άδης και ο Χάρος
πρόσκληση να μου κάνουνε
στο κρύο τους λαγούμι.

1/02/2012

Νύχτα

Μέσα στη νύχτα τρέχουμε
με χέρια ανοιχτά
τ' αστέρια να χωρέσουμε
σε μια αγκαλιά.

Της νύχτας η ανάσα ήρεμη
και τ' οξυγόνο καθαρό
ένας καμβάς θαρρείς λευκός
που πάνω του μπορείς
τα πάντα να σχεδιάσεις
τα γεγονότα της ημέρας
όπως σ' αρέσει να αλλάξεις.

Μέσα στη νύχτα τρέχουμε
κι ακούμε μουσικές
των αστεριών σφυρίγματα
του πόθου τις κραυγές.

1/02/2012

Μέθη

Τρελά βιολιά
δοξάρια μεθυσμένα
χορδές που φλέγονται
σώματα εξαντλημένα
η μέθη του έρωτα
η ποιο γλυκιά ζαλάδα
μακάρι Διόνυσε Θεέ
να κράταγε για πάντα.

Αγγέλων ύμνοι
και σάλπιγγες χρυσές
φως ιλαρό
σκάλες διάφανες
μας οδηγούν ψηλά
στον Δημιουργό
τα φιλιά σου υφαίνουν
παραμύθια
σ' αρχαίο αργαλειό.

2/02/2012

Ζώα

Μία κυρία γύρω στα σαράντα
συνάντησα χθες σε υπηρεσία κρατική
θέση υψηλή κατείχε
όλοι μ' ευγένεια και φόβο ψεύτικο
ζητούσαν έγκριση και υπογραφές.

Κάποια στιγμή σηκώθηκε
είπε πως έχει αργήσει
την πτήση της μην χάσει.
Απ' την κρεμάστρα πήρε
ένα γούνινο παλτό
το φόρεσε περήφανα
και πέρασε μπροστά μου.

Τέρας ελεεινό
μ' ανάπηρο μυαλό
με των γδαρμένων ζώων
το ματωμένο τρίχωμα
άλογο κτήνος θλιβερό
το κύρος σου το ανύπαρκτο
αγκομαχάς να χτίσεις.

Γιγάντωσε μέσα μου
ο θυμωμένος μου εαυτός.
Τα λόγια μου κατάπια
κόντεψα να πνιγώ.

Κάποια στιγμή
επιθυμία τρελή
να την ορμήσω
και να την βρίσω
να της βγάλω
το γούνινο παλτό
μαζί μου να το πάρω
στο χώμα να το θάψω.

Μα κάτι με σταμάτησε.
Μήπως αρρώστησα;
Μήπως τρελάθηκα;
Μήπως δεν είναι για μένα
η αγέλη των ανθρώπων;

Θέλω να βγάλω απ' το στομάχι μου
τα δικά μου εγκλήματα
ΜΠΟΡΩ;
Είμαι κανίβαλος;
Είμαι κι εγώ το ίδιο
δήμιος;
Με τα δερμάτινα παπούτσια
με τα ολόφρεσκα καλούδια;

Είμαι σ' αδιέξοδο;
Υπάρχει αγάπη;
Υπάρχει έξοδος;

2/02/2012

Σταγόνες

Επικρατεί ησυχία αυτή τη στιγμή.
Δεν θα κρατήσει για πολύ,
όμως τώρα είναι μαγικά.

Βρίσκομαι σ' ένα μεσαιωνικό μοναστήρι
που το έχουν μετατρέψει
σε χώρο τέχνης.
Είναι λουσμένο στο φως της μέρας.
Ένα φως κάπως μελαγχολικό.

Παρατηρώ τον όλο χάρη χορό της βροχής.
Ξεκινά από πολύ ψηλά, πάρα πολύ ψηλά,
ταξιδεύει ανέμελα σ' όλη τη διαδρομή,
ώσπου να σκαλώσει σ' ένα κλαδί,
να γλιστρήσει σε κάποιο φύλλο,
να συγκρουστεί με το μάρμαρο,
ν' απορροφηθεί από το αφράτο χώμα
και ν' απελευθερώσει το λεπτό άρωμα της γης.

Παρατηρώ το ταξίδι μιας σταγόνας.
Είναι πεντακάθαρη και διαυγής,
είναι ανέμελη και ο χορός της σαγηνευτικός.
Ο ήχος της.....
η μελωδία που παράγει σε κάθε επαφή
θεραπεύει την ψυχή μου,
νανουρίζει γλυκά το μυαλό μου.
Βγαίνω έξω και νιώθω καλά.

Κοιτάω τις σταγόνες
και ανοίγω τις παλάμες μου.
Αποζητώ την δροσιά τους,
θέλω ν' ακούσω το τραγούδι
που θα συνθέσουν πάνω μου.

Είναι τόσο γενναιόδωρες.......

9-3-2012

Κούραση

Δεν έχει καλά καλά ξημερώσει και βρίσκομαι
ήδη στη δουλειά.
Νύστα, κούραση, τεμπελιά.
Έχω ένα συνεχές βουητό στ' αυτιά.
Θέλω να γυρίσω στη γλυκιά θαλπωρή του πατρικού μου.
Θέλω να ξαπλώσω σ' εκείνο τον ξεχαρβαλωμένο
καναπέ
στο μεγάλο ζεστό δωμάτιο, δίπλα στη σόμπα πετρελαίου.
Έξω να λυσσομανάει ο αέρας κι εγώ να είμαι κουκουλωμένη στην φθαρμένη ακρυλική κουβέρτα.
Η μαμά να μαγειρεύει λίγο πιο πέρα,
ήχος από πιάτα που συγκρούονται,
μαχαιροπίρουνα που βυθίζονται στην καυτή σαπουνάδα,
η μυρωδιά απ' την κατσαρόλα,
το καπάκι να χορεύει στο ρυθμό του ατμού,
το βουητό ενός αρχαίου απορροφητήρα.
Γλυκιά ζάλη του ύπνου, λυτρωτική ξεκούραση,
ασφάλεια.
Είμαι πάλι έφηβη και έχω χρόνο να ονειρευτώ το
μέλλον μου.
Ζω στο εξωτερικό, είμαι πλούσια και διάσημη.
Ένα μεγάλο μέρος της περιουσίας μου το αφιερώνω στους ανθρώπους που το έχουν πραγματικά ανάγκη.

Αγαπάω πολύ τα παιδιά και τα βοηθάω.
Στόχος μου είναι να εξαλείψω την φτώχια, τον πόνο,
την βία, απ' τον πλανήτη.
Λίγο πριν πεθάνω είμαι τόσο δυνατή που έχω σταματήσει
τους πολέμους.
Τακτοποιώ άριστα αυτά που αφήνω πίσω μου,
έτσι ώστε ποτέ να μην επιστρέψει η ανθρωπότητα στο πρότερο αμαρτωλό παρελθόν της.
Είναι όλα μελετημένα μέχρι την τελευταία τους λεπτομέρεια.
Οι άνθρωποι βρίσκουν επιτέλους τον δρόμο τους.
Βασιλεύει παντού η αγάπη, τα παιδιά είναι χαρούμενα,
η φύση επουλώνει σιγά σιγά τις πληγές της.
Νέα είδη λουλουδιών καταγράφονται.
Τα ζώα δεν μας φοβούνται πλέον,
κανείς δεν θα τα βλάψει πια.
Όμορφα εφηβικά όνειρα.
Το φαγητό ετοιμάστηκε, το τραπέζι είναι στρωμένο,
πρέπει να ξυπνήσω.....
Χτυπάει το κουδούνι για το διάλειμμα,
διαρκεί τόσο λίγο....
μια ανάσα, λίγο νερό, δύο μπουκιές,
καμία σκέψη...

Πίσω πάλι στη γραμμή παραγωγής.
Συγκεντρώσου σ' αυτό που κάνεις για να μην πάθεις κανένα ατύχημα,
δεν είναι καιρός για τέτοια.
Όχι ατυχήματα, όχι ασθένειες.
Φαντάζεσαι να κολλήσεις καμία γρίπη
στα καλά καθούμενα; Θα είναι καταστροφικό.
Χρειαζόμαστε τα χρήματα κι έπειτα τα παιδιά ποιος θα τα φροντίσει;
Όχι δεν ζω μόνη μου, αλλά πρέπει κι εγώ να προσφέρω απ' τη μεριά μου ότι μου αναλογεί .
Ξέρω, είναι πολλά αυτά που μου αναλογούν αλλά τι να κάνω;
Δεν αισθάνομαι καλά τελευταία, λαχανιάζω και όταν κάθομαι.
Ξυπνάω κουρασμένη. Πρέπει να ξεκινήσω τις βιταμίνες πάλι.

9-3-2012

Συγνώμη γιαγιάκα

-1-

Καλοκαίρι στο χωριό, διακοπές ενός οχτάχρονου κοριτσιού με τον παππού και την γιαγιά, σ' ένα υπέροχο παλιό σπίτι, μ' ένα μικρό μπαξέ με όλα τα καλούδια, ένα στέγαστρο και από κάτω 3-4 κλούβες με κουνελάκια και κοτούλες.

Η γιαγιά λάτρευε τα ζώα, μιλούσε στα λουλούδια της.

Η μικρή είχε ανακαλύψει ένα ισχυρό δηλητήριο, ανακατεύοντας όλα τα φάρμακα καθαριότητας σ' ένα μπουκάλι και προσθέτοντας ελάχιστο νερό.

Έπαιρνε λοιπόν από το μείγμα με την σύριγγα και έκανε ενέσεις στο τρυφερό κορμό των λουλουδιών. Εκείνα αμέσως έγερναν το άνθος τους και πέθαιναν.

Η χαρά της μικρής για την ανακάλυψή της ήταν τόσο μεγάλη που πήγε ενθουσιασμένη να το πει στη γιαγιά.

Εκείνη σταυροκοπήθηκε και παρακάλεσε την εγγονή της να
μην το ξανακάνει.

“Γιατί γιαγιά λυπάσαι τα λουλούδια που φυτρώνουν μόνα τους στο χώμα και δεν λυπάσαι τις κοτούλες και τα κουνελάκια που σφάζει ο παππούς;

Αυτά γιατί δεν τα λυπάσαι;”

Τα λυπάμαι και κλαίω κάθε φορά που πάει ο παππούς σου να σφάξει κάποιο, αλλά δεν μπορώ να κάνω τίποτα για τα καημένα. Πρέπει να τρώμε και κρέας , εσύ ένα παραπάνω το χρειάζεσαι. Πως γίνονται νομίζεις οι νόστιμες σουπίτσες;”

“Όχι, αν θες να μην σκοτώνω τα λουλούδια σου να μην αφήσεις άλλη φορά τον παππού να σκοτώσει τα καημένα τα ζωάκια.”

“Αυτό δεν μπορώ να το κάνω κοριτσάκι μου.”

“Μπορείς αλλά δεν θες, τελικά δεν είσαι καθόλου καλή γιαγιά, εγώ όσο θα είμαι εδώ θα κάνω ένεση τα λουλούδια σου.”

Δάκρυσε η γιαγιά και έφυγε ηττημένη για το μαγερειό της. Ξεκίνησε να ετοιμάζει το φαγητό της και μετά κάθισε στον αργαλειό της για να συνεχίσει την κουρελού της.
Χρυσά τα μικροκαμωμένα χεράκια της γιαγιάς, έργα τέχνης ύφανε στον αργαλειό, χιλιάδες κουβαρίστρες και τσιλέδες γιναν πετσετάκια, τραπεζομάντιλα, σεμέ, αρχικά για την προίκα της κόρης της και μετά για τα τέσσερα εγγόνια.
Μέχρι λίγο πριν το τέλος της η γιαγιά έπλεκε, προσευχόταν, έκλαιγε....

Μία τυραννισμένη από τους γονείς της γιαγιά,
έπεσε στα χέρια ενός τυραννισμένου από την μητριά του παππού, ο οποίος την τυράννησε κι αυτός από την μεριά του.
Η γιαγιά έκανε δύο παιδιά, ένα αγόρι κι ένα κορίτσι.
Το κορίτσι της γιαγιάς λοιπόν πέρασε πολύ δύσκολα, η γιαγιά ήταν σκληρή με το κορίτσι της.

Αυτό το κορίτσι όταν παντρεύτηκε έκανε δύο παιδιά, ένα αγόρι κι ένα κορίτσι.
Παντρεύτηκε εκείνον που της διάλεξε ο αδερφός της, ενώ είχε ήδη βιώσει ένα δυνατό ανεκπλήρωτο έρωτα.
Οι καταπιεσμένες επιθυμίες της, την έκαναν μία βίαιη μανούλα.
Η κόρη της όταν μεγάλωσε και έκανε κι αυτή την δική της οικογένεια και έφερε στον κόσμο δύο υπέροχα παιδιά ένα αγόρι κι ένα κορίτσι, υποσχέθηκε στον εαυτό της ότι θα προσπαθήσει να προσφέρει στα παιδιά της μια όμορφη ζωή, με πολύ αγάπη και πολλές ζεστές αγκαλιές.
Έτσι η συγκεκριμένη ιστορία είχε καλή εξέλιξη.

10-3-2012

-2-

Η καλή γιαγιά πέθανε.
Δεν πρόλαβε να ζήσει καλά.
Έφυγε σχεδόν στα 70, αλλά η ζωή της ήταν πολύ δύσκολη και άδικη.
Με τα μικρά της χεράκια έπλεκε προικιά και τραγουδούσε το φεγγαράκι, δούλευε σκληρά όσο είχε δυνάμεις, μετά έχασε τον άντρα της και τέλος την ανέλαβαν τα παιδιά της.
Η γιαγιά μου άξιζε περισσότερα απ' όσα της έδωσε η ζωή.
Μακάρι να ήμουν πιο μεγάλη και ανεξάρτητη γιαγιά μου, να σε φροντίσω εγώ και να σου ανταποδώσω την αγάπη και την στοργή που μου έδωσες.
Όμως δεν πρόλαβα.
Θέλω να ξέρεις πως έκλαψα πολλές φορές για σένα.
Να 'σαι καλά γιαγιά μου όπου κι αν είσαι.

Τετάρτη σήμερα. Τετάρτη και Σάββατο η γιαγιά με κάνει μπάνιο.
Μπαίνω όρθια στην πλαστική λεκάνη και αν και είναι καλοκαίρι, στο ορεινό χωριό μας έχει δροσιά και κρυώνω λίγο.
Δίπλα στην λεκάνη υπάρχει μια τσίγκινη σκάφη όπου η γιαγιά ετοιμάζει το νερό. Αδειάζει μια κατσαρόλα με βραστό και το κρυώνει με κανάτες κρύο.
-Γιαγιά τι θα κάνουμε σήμερα;
-Που θέλεις να σε πάω πουλάκι μου;
-Όπου θες εσύ γιαγιά.
Αρχίζει να με λούζει, πέφτουν οι σαπουνάδες μες τα μάτια μου.
-Τσούζουν τα μάτια μου γιαγιά.
-Τώρα κοριτσάκι μου σε ξεβγάζω.

Ακούω την βαριά ανάσα της κάθε φορά που σκύβει για να πάρει νερό από την σκάφη.
Τρίβει το πράσινο σαπούνι στο θαλασσινό σφουγγάρι.
Μ' αρέσει η μυρωδιά του σαπουνιού.
Με πλένει και με ξεβγάζει.
Με σκουπίζει με μαλακή πετσέτα και τέλος με μυρώνει με κολόνια Μυρτώ.
Με ντύνει με φρεσκοσιδερωμένα ρούχα.
-Τι θες να κάνεις τώρα κοριτσάκι μου;
-Θα πάω επάνω στο δωμάτιο μου να διαβάσω γιαγιά.
Ανάβω την λάμπα πετρελαίου, μ' αρέσει η ατμόσφαιρα που δημιουργεί, κουκουλώνομαι στα βαριά ολόμαλλα σκεπάσματα.
Με το που ζεσταίνομαι παίρνω το βιβλίο μου
και ταξιδεύω. Ακούω κάτω στο δρόμο τα παιδιά να παίζουν

και να ετοιμάζονται να παν βόλτα.
Η βόλτα στο χωριό είναι νυφοπάζαρο.
Προτιμώ την συντροφιά του βιβλίου μου.
Εδώ είναι το βασίλειό μου.
Κάποια στιγμή ακούω τη φωνή της γιαγιάς να με φωνάζει.
-Κατέβα κοριτσάκι μου να φας κάτι.
-Γιαγιά θα κοιμηθούμε μαζί σήμερα;
-Θα κοιμηθούμε αγγελούδι μου έλα κάτω να σε χαρώ.
Η αγκαλιά της γιαγιάς μου είναι η πιο γλυκιά και ζεστή αγκαλιά του κόσμου.
-Γιαγιά μου δεν θέλω να πεθάνεις ποτέ. Μακάρι να έμενα εδώ για πάντα. Εγώ όλο θα διάβαζα βιβλία και θα ταξίδευα κι εσύ θα μου μαγείρευες και θα μου τραγουδούσες το φεγγαράκι.
Εγώ κι εσύ μόνο γιαγιά.

Ας σταματήσει επιτέλους ο χρόνος να τρέχει.
Δεν με νοιάζει αν δεν μεγαλώσω, δεν με νοιάζει αν δεν ψηλώσω άλλο.
Ας παγώσει ο χρόνος και για τις δυο μας γιαγιά.
Είναι ο μόνος τρόπος για να μη σε χάσω ποτέ.
Συγχώρεσε με για τα λάθη μου.
Συγνώμη που δεν κατάφερα να νικήσω το χρόνο.
Τρέχει γιαγιά τρέχει γρήγορα και τώρα που έχεις φύγει.
Λες να το κάνει για καλό;
Για να έρθω πιο γρήγορα στη γλυκιά αγκαλιά σου;
Μου λείπεις γιαγιά.

Προδοσία

Προδόθηκα
χτύπησε ρεύμα
τις απολήξεις των άκρων μου.
Μούδιασε το μυαλό μου.
Μετά κενό.
Ησυχία και μετά φόβος πάλι.
Πότε θα τον νικήσω;
Είμαι μόνη.
Είναι καλό αυτό;
Μπορώ να ζήσω μόνη αλλά δεν θέλω.
Με μεγάλωσαν κάπως ανορθόδοξα μπορώ να πω
αλλά δεν στερήθηκα την αγκαλιά, το φιλί, το χάδι.

Προδοσία
Ενήλικη πλέον είμαι εκτεθειμένη.
Δεν προστατεύομαι από πουθενά.
Έχω κάποιους φίλους απ' τα παλιά
που όταν τους καλώ έρχονται με μια
ζεστή αγκαλιά.
Ευχαριστώ.

Με πρόδωσαν, τους λέω, άλλη μια φορά.
"Θα σε βοηθήσουμε. Χαμογέλα. Σ' αγαπάμε"
Με παίρνουν αγκαλιά και με ταξιδεύουν στο
πνιγμένο πλανήτες σύμπαν.
Μ' αφήνουν και αιωρούμαι.
Με παρακολουθούν στοργικά.

Δυναμώνει η ψυχή μου και τολμώ
ένα μοναχικό ταξίδι.
Θα βρω τον δρόμο να γυρίσω πίσω;
Δεν αισθάνομαι φόβο πια.
Τους αφήνω να χαθούν
απ' το οπτικό μου πεδίο.

Προδοσία
Δεν τήρησες τις υποσχέσεις
που έδωσαν τα μάτια σου.
Το στόμα σου πάντα σε παραλήρημα
τα μάτια σου όμως ήξερα ως τώρα
πως δεν μπορούν να με προδώσουν,
όπως η αγκαλιά και το φιλί σου.

Προδόθηκα
Δεν έχω άλλη επιλογή, πρέπει να φύγω.
Δεν έχω άλλη επιλογή θα σε κουβαλάω
πάντα μέσα μου.
Όπως ο μετανάστης το χώμα,
ο πιστός το φυλαχτό,
ο ταξιδιώτης την πυξίδα.

Προδοσία
σκληρή λέξη
Να την σβήσουμε απ' τα βιβλία.
Να μη την μάθουν ποτέ τα παιδιά.

12-3-2012

Θυμός

Κάνει κακό στην υγεία, λένε.
Και το άδικο; Η υποταγή;
Η αποδοχή της ατιμίας;
Όταν όλα τα παραπάνω πρέπει να τα οδηγήσεις
στο στομάχι σου
χωρίς κουβέντα, χωρίς θυμό; Κάνουν καλό στην
υγεία;
Δεν νομίζω.
Σκέφτομαι λογικά και καταλήγω στο ότι με αδι-
κούν, μ' εκμεταλλεύονται,
με κοροϊδεύουν.
Το λιγότερο που μπορώ να κάνω είναι να θυμώσω,
να βρίσω, να φωνάξω,
να κλάψω, να διεκδικήσω το δίκιο μου, να ξεσφρα-
γίσω το στόμα μου,
να μιλήσω, να απαιτήσω δικαιοσύνη.
"Μην τους αγριεύεις μπορεί να τα κάνεις χειρότερα.
Το μη χείρον βέλτιστον.
Μην κλείνεις πόρτες, μη γίνεσαι το μαύρο πρόβατο.
ΟΧΙ. Θα μιλήσω, θα διεκδικήσω και θα ξεμπρο-
στιάσω
τους κοιλαράδες.
Θα βγάλω τα άπλυτά τους στη φόρα με όποιο τί-
μημα.
Αν χτυπηθώ γι' αυτό, θα πάρω το χρίσμα του ήρωα
και όχι του μαλάκα.
Το προτιμώ.

Καλύτερα να χάσω τα ψίχουλα παρά την αυτοεκτίμησή μου.
Απαιτώ δικαιοσύνη.
Αδυνατώ να καταπιώ πέτρες.
Δεν μπορώ να προσκυνήσω τα βρόμικα παπούτσια τους
μπορώ μόνο να τα πατήσω και μετά να τους κοιτάξω στα μάτια.
Ίσως έτσι τους ταρακουνήσω.
Όπως και να 'χει μόνο έτσι μπορώ
να νιώσω ότι υπάρχω.

14-3-2012

Δεν φοβάμαι

Ακούω πόρτες ν' ανοιγοκλείνουν
άλλοτε χτυπούν δυνατά και άλλοτε γλυκά
κάποιες φορές πνίγουν στο φως τον χώρο
και άλλες τον γεμίζουν τρωκτικά.
Φως, σκοτάδι, ηρεμία, πανικός.
Τα χρόνια που πέρασαν έφεραν δώρα.
Έδιωξαν την αρρώστια των ματιών
και τώρα βλέπω καθαρά
και την ομορφιά και την ασκήμια.
Το μυαλό δουλεύει συνεχώς
και αναλύει τα πάντα
με τον τρόπο του Πυθαγόρα και όχι του Φρόυντ.
Τώρα μπορώ και αποστασιοποιούμαι,
στις κατολισθήσεις,
Παρακολουθώ-κρίνω-πράττω,
δεν τρέχω λαχανιασμένη.
Φυσικά τα χρόνια έφεραν και κούραση,
κι αυτή θα την γιατρέψω.
Αναλύοντας το σήμερα συμπεραίνω
ότι βιώνω μια δύσκολη περίοδο,
καταλήγω όμως ότι είναι αντιμετωπίσιμη
ΜΠΟΡΩ!
Ήρθε η Άνοιξη
άλλος ένας βαρύς Χειμώνας πέρασε,
τώρα ο τόπος μοσχομυρίζει και λαμποκοπά.
Στο βάθος διακρίνω τον επόμενο Χειμώνα
να σμίγει τα φρύδια του

για να με προετοιμάσει γι' αυτό που θα φέρει.
Του απαντώ πως δεν τον φοβάμαι
απεναντίας μου είναι απαραίτητος.
Η ζωή είναι ένα συναρπαστικό παιχνίδι.
Χωρίς δυσκολίες και εμπόδια θα ήταν πολύ βαρετή.
Σε περιμένω πολύτιμέ μου Χειμώνα να κοπιάσεις.
Στήνω από τώρα τα πούλια για την επόμενη παρτίδα.
Κάθε επόμενη φορά να ξέρεις θα είμαι και πιο επιδέξια
και πάντα θα επιβιώνω.
Στοχεύω μελλοντικά να σε τρέψω σε φυγή
και να γίνεις ο πιο εύκολός μου αντίπαλος.
Σε φιλώ και ανυπομονώ να τα ξαναπούμε.
Έχε γεια.

23-3-2012

Η εξομολόγηση είναι γένους θηλυκού

Η εξομολόγηση είναι γένους θηλυκού
όπως και η λύτρωση, η δημιουργία,
η διαιώνιση, η ευτυχία, η τρυφερότητα,
η κατανόηση, η φιλία, η συντροφικότητα.

Η εξομολόγηση είναι λυτρωτική,
μοιάζει με την μπόρα
που ξεπλένει απ' τα χώματα τις πέτρες
και τις κάνει να λάμπουν στο φως.

Η φιλία και η συντροφικότητα
είναι λυτρωτικές
εκεί τελείται η εξομολόγηση,
αλλιώς παίρνει την μορφή
των γραμμάτων που γεμίζουν
μελάνι στοίβες
χαρτιών.
Κάποιες φορές τα χαρτιά
ποτίζονται με δάκρυα
και φουσκώνουν
και τότε το μελάνι
απλώνει
μοιάζει με σώμα που αιμορραγεί.
Απλώνεται το μελάνι
και το ένα γράμμα
πάει να ενωθεί
με το άλλο

και έτσι χάνεται το νόημα.
Ο τρίτος δεν μπορεί να το διαβάσει,
αλλά ο γράφων έχει κάνει ήδη την δουλειά του.
Το χαρτί και το μελάνι δεν είναι ένα απλό υποκατάστατο,
είναι ίσως ο πιο καλός εξομολογητής.
Δεν σε διακόπτει ποτέ
ούτε σου δίνει λάθος συμβουλές,
δεν σε παρηγορεί
και είναι πάντα σε θέσει να επαναλάβει
όσα είπες και αισθάνθηκες
σε μία ώρα ή σε δέκα χρόνια.

Η εξομολόγηση είναι απαραίτητη
είναι ο απολογισμός
που πρέπει να κάνει ο άνθρωπος
για να εξελιχθεί στη ζωή του.
Η εξομολόγηση είναι ένας μαγικός καθρέφτης
που φανερώνει χωρίς σκιές
εσένα και τους άλλους
απογυμνωμένους από φκιασίδια και προσωπεία.

Την εξομολόγηση την δίδαξε η εκκλησία
αλλά την εφάρμοσε με λάθος τρόπο.

Η εξομολόγηση γίνετε μεταξύ αγαπημένων
ή στο χαρτί.

23-3-2012

Αλυσίδες

Η σιωπή συνθέτει
τις πιο γλυκιές μελωδίες
Τα σφραγιστά χείλη ψιθυρίζουν
τις πιο όμορφες λέξεις
Ο ήρεμος νους
δίνει τις πιο σοφές συμβουλές,
η μοναξιά όμως είναι σκληρή,
αναδεύει και φανερώνει
τις πιο άσχημες εικόνες.
Γυρνάω τον χρόνο πίσω
σε βλέπω μπροστά μου
μικρό κοριτσάκι
να πλέκεις αλυσίδες
με σιδερένιους κρίκους
και κάθε λίγο και λιγάκι
η μάνα σου να φέρνει
κι άλλους, κι άλλους
σέρνοντας το καροτσάκι.
-Τι θα την κάνουμε μαμά
τόσο μεγάλη αλυσίδα;
Σε τι θα μας χρησιμεύσει;
-Πλέκε τεμπέλα ανεπρόκοπη
-Κουράστηκα μαμά
να σταματήσω λίγο;
Τα χέρια μου ματώσαν
οι αλυσίδες πλάκωσαν τα πόδια μου
και δεν μπορώ να σηκωθώ.
-Άμα είναι έτσι πλέξε ακόμα λίγες

και θα σου πω εγώ τι θα κάνεις μετά.
Πλέκε τεμπέλα ανεπρόκοπη.
-Πλέκω μαμά ……………
………………………………………
-Μαμά δεν μ' αγαπάς;
Χώθηκα ολόκληρη μέσα στις αλυσίδες.
Σώσε με.
Μαμά σ' αγαπάω.
Ελευθέρωσέ με.

28-3-2012

Για μας

Ξεκίνησα να γράφω για σένα,
για να καταλάβω τι είναι αυτό που σε σταματά
και διαβάζοντάς τα κατάλαβα ότι γράφω για μένα
και άρχισα να ανακαλύπτω τι είναι αυτό που με στα-
ματά.
Δεν είμαστε σε τίποτα ίδιες, όμως τα παρόμοια βιώ-
ματά μας
μας οδήγησαν στους ίδιους κομμένους στα δύο δρό-
μους.
Ολοκληρώσαμε τη διαδρομή μας και ας ήταν οι στά-
σεις πολλές.
Περάσαμε ποτάμια πατώντας σε γλιστερές πέτρες,
διασχίσαμε ξερικά χωράφια,
μας στέγνωσε ο ήλιος όταν αποβραδίς ξαπλώσαμε
δίπλα στη θάλασσα,
μας τραγούδησαν τα πουλιά όταν κρυφτήκαμε
στα σπλάχνα των δέντρων,
μας τάισε η γη τους δροσερούς καρπούς της,
μας χάιδεψε ο αέρας τα μαλλιά και αποκοιμηθήκαμε,
μας ταξίδεψε ο χιλιάστερος ουρανός
στα πιο μακρινά σημεία του σύμπαντος,
μας προστάτεψε ο Θεός.

28/3/2012

ΤΟ
ΤΕΛΟΣ
ΝΑ
ΕΙΝΑΙ
ΠΑΝΤΑ
ΓΛΥΚΟ
ΝΑ ΔΙΝΕΙ
ΚΟΥΡΑΓΙΟ
ΝΑ ΞΕΚΟΥΡΑΖΕΙ
ΝΑ ΚΡΑΤΑ
ΤΙΣ ΥΠΟΣΧΕΣΕΙΣ *ΤΟΥ*

www.ingramcontent.com/pod-product-compliance
Lightning Source LLC
Chambersburg PA
CBHW060348050426
42449CB00011B/2881
9789606796333